WIN

D0118662

DISCARDED

LAS MATEMÁTICAS EN NUESTRO MUNDO

VAMOS A USAR LA
DIVISIÓN
EN EL CAMPAMENTO DE DEPORTES

Por Linda Bussell

Consultora de lectura: Susan Nations, M.Ed.,
autora, consultora de alfabetización/consultora de desarrollo de la lectura
Consultora de matemáticas: Rhea Stewart, M.A.,
especialista en recursos curriculares de matemáticas

WEEKLY READER®
PUBLISHING

Please visit our web site at www.garethstevens.com
For a free color catalog describing our list of high-quality books,
call 1-800-542-2595 (USA) or 1-800-387-3178 (Canada). Our fax: 1-877-542-2596

Library of Congress Cataloging-in-Publication Data
Bussell, Linda.
    [Using division at sports camp. Spanish]
    Vamos a usar la división en el campamento de deportes / por Linda Bussell;
    consultora de lectura, Susan Nations ; consultora de matemáticas, Rhea Stewart.
        p. cm. — (Las matemáticas en nuestro mundo. Nivel 3)
    Includes bibliographical references and index.
    ISBN-10: 0-8368-9296-8 — ISBN-13: 978-0-8368-9296-3 (lib. bdg.)
    ISBN-10: 0-8368-9395-6 — ISBN-13: 978-0-8368-9395-3 (softcover)
    1. Division—Juvenile literature. 2. Sports camps—Juvenile literature. I. Title.
QA115.B97518   2008
513.2'14—dc22   2008016879

This edition first published in 2009 by
Weekly Reader® Books
An Imprint of Gareth Stevens Publishing
1 Reader's Digest Road
Pleasantville, NY 10570-7000 USA

Creative Director: Lisa Donovan
Designer: Amelia Favazza, *Studio Montage*
Copy Editor: Susan Labella
Photo Researcher: Kim Babbitt

Spanish edition produced by A+ Media, Inc.
Editorial Director: Julio Abreu
Chief Translator: Luis Albores
Production Designer: Phillip Gill

Photo Credits: cover, title page, pp. 18, 20, 21: Bob Daemmrich/Photo Edit;
pp. 4, 11: Artville; p. 5, 12: David Young-Wolff/Photo Edit; pp. 6, 16: BananaStock;
pp. 8, 17: Photodisc; p. 10: Frank Siteman/Photo Edit; p. 14: Hemera Technologies

Printed in the United States

1 2 3 4 5 6 7 8 9 10 09 08

Contenido

Las palabras que aparecen en el glosario están impresas en **negritas** la primera vez que se usan en el texto.

Capítulo 1

Águilas, Halcones y Cóndores

Es verano. Hoy empieza el campamento de deportes y los campistas están entusiasmados. Tienen muchas opciones. Jugarán tenis, voleibol y fútbol. Correrán, irán de excursión y nadarán.

Hay 336 campistas en total. Se tienen que **dividir** en grupos más pequeños para practicar deportes.

Bobby es uno de los tres líderes en el campamento. Divide a los campistas en 3 grupos iguales. Cada grupo tendrá su propio líder. Bobby divide 336 entre 3. Lo escribe en el pizarrón:

$$3 \overline{)336} \quad = 112$$

Hay 112 campistas en cada grupo y cada grupo tendrá su nombre.

Los grupos se llaman Águilas, Halcones y Cóndores. Tomarán turnos para practicar deportes. Hay suficiente material para todos.

Para empezar, las Águilas jugarán voleibol. Los Halcones jugarán tenis. Los Cóndores jugarán fútbol. Algunos campistas irán de excursión, nadarán y correrán también.

Los líderes hacen tres listas. Anotan el nombre de cada campista en la lista. Esto quiere decir que anotan 112 nombres en cada lista. Cuando terminen, cada uno de los 336 campistas estará en un grupo.

Los equipos se turnan para practicar deportes. Los Halcones jugarán tenis primero.

Capítulo 2

Escoger un equipo

Ahora, los líderes organizan a los grupos. Algunos campistas les ayudan. Dividen a todos en equipos.

James y Rebecca ayudan a los Halcones. Hacen equipos para tenis de parejas. Hay dos jugadores en cada equipo. Tienen que saber cuántos equipos formar, así que dividen 112 entre 2.

Los Halcones tendrán 56 equipos para tenis de parejas. James enumera los equipos del 1 al 56. Rebecca lee los nombres de los campistas y James escribe dos nombres junto a cada número. Pronto, tienen una lista de 56 equipos.

James y Rebecca encuentran el número de equipos de tenis de parejas que necesitan formar.

James y Rebecca hacen un horario para los partidos de tenis de parejas. Dos equipos jugarán cada partido.

James divide 56 entre 2.

"Si todos juegan al mismo tiempo, ¡habrá 28 juegos", dice James. "Son muchos partidos".

"No pueden jugar todos al mismo tiempo", dice Rebecca. "Sólo hay 7 canchas de tenis. ¿Cuántos grupos de partidos tenemos que incluir en el horario para que todos jueguen?", pregunta.

Los Halcones tienen que jugar
28 partidos de tenis para que
todos del equipo jueguen.

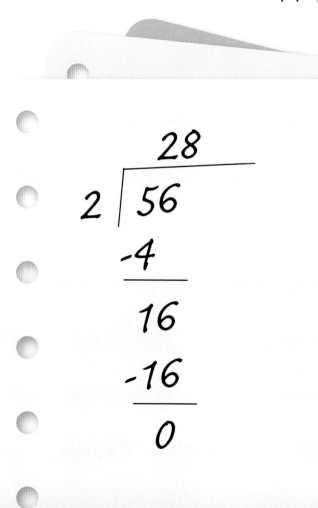

"Ya sé qué hacer", dice James. Escribe en el pizarrón blanco:

28 ÷ 7 = 4

"Tenemos que jugar 28 partidos de tenis. Tenemos 7 canchas. Para saber cuántas rondas de partidos se necesitan, dividí 28 entre 7. Necesitamos 4 rondas de partidos".

Colocan equipos de dos en rondas de partidos.

"Este horario se ve fantástico", dice Bobby. "Lo usaré para hacer horarios de las otras actividades. ¿Quieren ayudarme?"

"¡Sí!", dicen James y Rebecca.

El campamento tiene 7 canchas de tenis, así que los Halcones tienen que jugar 4 rondas de tenis para jugar los 28 juegos totales.

10

Capítulo 3

Todos juegan

William y Braden están en el grupo de las Águilas. Los dos campistas le ayudan a su líder, Katie, a hacer un horario de juegos. Dividen a las Águilas en equipos de voleibol. Un equipo de voleibol tiene 6 jugadores. Hay 112 Águilas. William dice que tienen que dividir 112 entre 6. El **cociente** les dirá cuántos equipos formar. Braden escribe:

$$112 \div 6 = 18 \text{ r}4$$

"Tenemos que formar 18 equipos", dice Braden.

"Hay un **residuo** de 4", dice William. "No son suficientes jugadores para formar otro equipo de 6".

Incluyen un jugador más en 4 equipos. Los jugadores se turnarán.

Los Cóndores planean sus equipos de fútbol. Isabella y Briana están con los Cóndores. Ayudan a Taylor, su líder. Dividen a los Cóndores en equipos de fútbol.

Hay 112 Cóndores. Cada equipo puede tener 7 jugadores en el campo al mismo tiempo.

"¿Cuántos equipos tendremos si un equipo puede tener 7 jugadores?", pregunta Isabella.

Divide 112 entre 7.

112 ÷ 7 = 16

"El cociente es de 16. Habrá 16 equipos de 7 jugadores cada uno", dice.

Los Cóndores jugarán fútbol primero. Planean cómo dividirse en equipos.

Isabella divide a los 112 campistas en equipos de fútbol.

$$\begin{array}{r} 16 \\ 7\overline{)112} \\ -7 \\ \hline 42 \\ 42 \\ \hline 0 \end{array}$$

"Deberíamos tener más de 7 jugadores por equipo", dice Brianna. "Así los jugadores pueden descansar cuando se cansen".

"Está bien", dice Taylor. "Pero las reglas dicen que no puede haber más de 10 jugadores por equipo".

Isabella dice: "Si ponemos 10 jugadores en cada equipo, tendremos 11 equipos. Sobran 2 jugadores". Les muestra su trabajo.

"Eso no funciona", dice Brianna. "Tenemos que intentar otra cosa".

Isabella y Brianna piensan más sobre cómo dividir a los equipos.

Si los Cóndores forman 11 equipos del grupo de 112 campistas, entonces dos equipos tendrán 11 jugadores. Eso es en contra de las reglas.

Isabella y Brianna deciden formar 12 equipos.

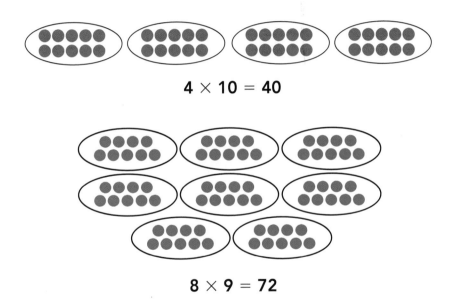

$$4 \times 10 = 40$$

$$8 \times 9 = 72$$

Cuatro equipos tendrán 10 jugadores cada uno y 8 equipos tendrán 9 jugadores cada uno.

$$40 + 72 = 112$$

¡Así todos juegan!

15

Los campistas tienen una semana muy activa. Juegan tenis, voleibol y fútbol. Van de excursión, corren y nadan. Se divierten mucho.

Capítulo 4

El festival de deportes

El último día del campamento, los campistas tienen un festival. Es hora de prepararse. Los campistas organizan las actividades.

Se anotan en el deporte que quieren practicar. Hay fútbol, voleibol y tenis. Algunos campistas se anotan en natación. Otros para correr.

La actividad más popular es la carrera de 100 metros. Se anotan 123 campistas.

Hay demasiados corredores para que corran todos al mismo tiempo. La pista sólo tiene 8 carriles. 8 corredores pueden correr al mismo tiempo.

"Podemos dividir a los corredores en grupos más pequeños", dice Braden. "Estos grupos más pequeños se llaman **eliminatorias**. Cada eliminatoria es una carrera. El ganador de cada eliminatoria correrá contra los ganadores de otras eliminatorias".

Isabella y Braden dividen a los corredores en eliminatorias de 8. Braden escribe:

123 ÷ 8 = 15 r3

"Necesitaremos por lo menos 16 eliminatorias", dice. "Podemos tener 15 eliminatorias con 8 corredores cada una. Podemos tener una eliminatoria con 3 corredores".

¡Más de 120 campistas quieren correr! Isabella y Braden dividen a los corredores en eliminatorias.

"Será más divertido si hay más corredores en la última eliminatoria", dice Isabella. "Tengo una idea".

"Podemos sacar a un corredor de 4 eliminatorias. Y podemos incluir a estos 4 corredores en la eliminatoria que sólo tiene 3 corredores", dice.

Isabella escribe en el pizarrón:

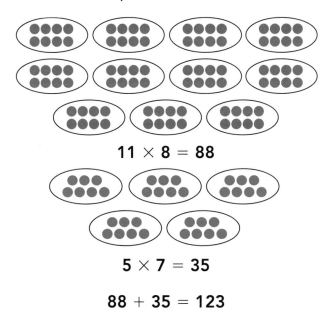

$$11 \times 8 = 88$$

$$5 \times 7 = 35$$

$$88 + 35 = 123$$

"11 eliminatorias tendrán 8 corredores. 5 eliminatorias tendrán 7 corredores. Todos los que quieren correr pueden competir", dice Isabella.

Pero éste es sólo el inicio de la carrera de los 100 metros.

Después de 16 eliminatorias, el ganador de cada una volverá a correr. Ésta será la carrera semifinal.

"Habrá 16 corredores en las **semifinales**. Habrá 8 corredores en cada eliminatoria semifinal", dice Braden. Escribe:

16 ÷ 8 = 2

"Habrá dos eliminatorias semifinales", dice. "Los ganadores de las dos eliminatorias semifinales correrán en la final. El ganador de la carrera final será el ganador de la carrera de los 100 metros".

Los ganadores de las eliminatorias correrán en carreras semifinales.

Los planes para el festival de deportes están completos. Los campistas tienen muchas actividades planeadas. También planearon excursiones y actividades acuáticas para sus invitados.

Las familias y los amigos de los campistas llegan al festival. Todos se divierten. Los campistas juegan los partidos de campeonato para el fútbol y el voleibol en la tarde.

La carrera de los 100 metros es la última actividad del día. El final es muy cerrado, casi un empate. Los corredores empatados se dan la mano. Sus amigos los aplauden. El festival fue el final de una gran semana de diversión y salud.

La carrera de los 100 metros es la última actividad del día. ¡Los corredores casi llegan empatados!

¿Qué aprendiste?

1. 72 jugadores se anotaron en la liga de fútbol nueva. La liga pide 9 jugadores por equipo. ¿Cuántos equipos habrá?

2. Para el Día de Pista y Campo, 67 estudiantes de tercer grado quieren correr en la carrera de larga distancia. Sólo pueden correr 7 corredores al mismo tiempo. ¿Cuántas carreras se necesitan para que todos corran?

Glosario

cociente: el número que resulta en una división sin incluir el residuo. En $48 \div 8 = 6$, 6 es el cociente.

dividir: el proceso de separar algo en grupos. La división es lo opuesto de la multiplicación.

eliminatoria: una dentro de una serie de carreras en los deportes

residuo: la cantidad que sobra cuando un número no puede dividirse en partes iguales

semifinales: las eliminatorias que se corren para decidir quién estará en la carrera final. Los ganadores de las eliminatorias estarán en la carrera final.

Índice

Nota acerca de la autora

Linda Bussell ha escrito y diseñado libros, materias educativas suplementarias y programas de software para niños y jóvenes. Ella vive con su familia en San Diego, California.